JN411625

길

한창원 · 한시훈 시집

길

한창원·한시훈 시집

도서출판
다인아트

차 례

1

2

3

4

1

길

걷는다
아무도 없다.

길이 외롭다.
나도 외롭다.

눈물 한 점 길 위에 머문다.

걷는다.
누구의 길일까?

My Way

On my way
on an uninhabited path.

My way yarns the tale of solitude.
My uninhibited feelings of loneliness.

Only a drop of tear wets, the otherwise desolate
path.

On my way
contemplating whether this path is for me.

물지게

울고 싶어 우는 게 아니다

좁은 산 비탈길
가엾은 어깨에 매달려
출렁거리는 어린 삶이
흔들리다
흔들리다
슬퍼서 운다

발걸음을 힘들게 하던 가난
무거운 것이 어찌
물지게뿐이랴

내려놓고 싶다
가을 솔방울의 처량한 낙하처럼
가난한 세상에서 떨어지고 싶다

울고 싶어 우는 게 아니다
가엾은 어깨가 안타까워
출렁거리며
출렁거리며
소리 내어 슬피 울고 있다

삼호현

칠흑의 밤
유년의 나는 사모지 고개를 넘는다.

비석에 비친 달은
어린 걸음을 멈추게 하고

무서움에 떨던 나는
산 너머 마중 나올
엄마를 세 번 부른다.

어둠이 두려운 목소리는
입안에 머물고

새끼를 보듬던 부엉이가
엄마 대신 구슬피 대답한다.

부엉 부엉 조금만 기다리라고...

청개구리

비가 온다.
청개구리가 운다.
엄마가 보고 싶어
빗속에서 소리 내어 꺼억 꺼억 울어 댄다

나도 운다
어젯밤 꿈에 생시처럼 나타난
엄마를 부르며 그리움에 소리 내어 흐느껴 운다.

청개구리와 난 함께 운다.
풀잎들도 눈물 뚝뚝 흘리며 따라 운다.

청개구리와 난 눈물을 찍어 글을 쓴다.

보고 싶다.

길 위에 서서

길 위에 서서
길을 묻는다
길은 보이지 않는다.

길은
또 다른 길을 걸으며
대답을 한다.

바람이라고
구름이라고

네가 내딛는 그곳이 네 길이라고

길 위에 서서
길을 묻는다
길은 물끄러미 나를 쳐다 본다.

풍경소리

바람이 불면
바람 소리로

비 내리면
빗소리로
혼자 울었다

동박새는 쉬어가면서 울고
낙엽 한 잎 떨어지면서 소리 없이 울었다

그리운 사람이 있다면
가슴속 깊은 곳에서 울고

네가 보고 싶을 땐
네 목소리가 되어 울었다

잊지 못한 사람은
애절한 기다림으로 울고

저녁 산 그림자 드리우고 어둠이 내려오면
별이 되어 숨죽이며 숨어 울었다

부처님도 가끔
풍경소리가 슬퍼 소리내어 우시나 보다

아 슬픔아

소외된 기억하나
돌 틈에서 꺼내 사랑한다고 말했더니
비가 온다.

눈물을 숨겨
같이 울 사람이 있다면

들풀도 아침이면
눈물 흘리고

산 그림자도 지는 하루가 슬퍼서
저녁이면 숨어 운다.

웃음도 슬픈 노래가 되어
바람 속으로 버려지고

들판의 겨울 철새들은
슬픔으로 배를 채운다.

슬프다는 것은
별이 쏟아져 내리는 것이다.
이젠 그 별 하나 잡고 싶다.

보고 싶다 그대

외로우니까

외로우니까 운다

철새들은 날다 지쳐 쉬면서도 외롭고

독수리는 날면서도 외롭다

백로는 물고기를 먹으면서 외롭고

나는 술을 마시면서 외롭다

패랭이꽃은 피우면서 외롭고

라일락은 자기 향기에 취해 외롭다

저 달은 구름 속에서 외롭고

저 태양은 빛을 내면서 외롭다

나는 글을 쓰면서 외롭고

사람들을 사랑하면서도 외롭다

하느님도 가끔은 외로워서 비를 뿌린다

오늘은 소나기가 쏟아질 것 같다

올레길

안고 갈까
지고 갈까

거친 바람에
올레길 깃발은 방향을 잃고

내 다리도
바람에 흩날리다
방향을 잃는다.

안고 갈까
지고 갈까
아니다 가슴에 이고 가자.

걷는다
앞만 보며
바람 길을 따라….

개똥벌레

내가 갈 길만 간다.
무거운 삶을 굴리며

내 하늘은 황토 빛
내 땅은 파아란 바다

난 거꾸로 세상을 보고
뒤로 뒤로 내 길을 간다.

달님이 길을 비추고
별님이 길을 안내해도

두 눈을 꼭 감고
내 길만 간다.

거꾸로 거꾸로

신포동 옛 골목

골목길 어딘가에서
봄바람이 분다.

세월의 건너편
잊혀진 사람들이 바람에 실려
불쑥 얼굴을 내밀 것 같다.

신포동 골목길
보고팠던 기억이 있어 좋고
기다림의 추억이 있어 좋다.

언젠가
너를 밤새 기다리다
울음 울며 돌아섰던 길

잊혀진 줄 알았는데
떠오르는 것

나로 인하여 아팠던
많은 사람들

켜켜이 묵은 사연들은
봄바람에 실려 골목길을 떠돈다.

이 골목이 좋다.
따스함이 있어 좋고
변치 않는 그 모습이 좋다.

오늘도 나는
그 옛날 내가 되어
골목 끝 모퉁이에서 너를 기다린다.

사막의 한 그루 나무가 되어

사막에 살고 있는 나
나는 누구인가?

모래바람은
내가 되어 사막에 뒹굴고

세상을 향한
나의 절규를 들어 줄
별 하나 없다.

나는
사막에 서있는
한그루 나무

비구름을 따라 떠도는
외로운 유목민

썩은 고기를 찾아 헤매는
깃털 잃은 독수리

사막의 달빛은
한 방울 빗물이 되고
모래 바람은 새가되어 날아간다.

별이
나뭇가지에 걸려있다.

나는 하늘만 바라본다.

쉬었다 가세

멀고 먼 길
홀로 걸어왔으니
쉬었다 가세

누구의 사랑
한 쪽 끝에서라도
자리 내어 쉴 수 있다면

내 삶이여!
내 사랑아!
다 떠나도 쉴 곳 있다면

나 이제 누구에게도
나를 찾으려 하지 않고
편히 쉬리요

저 하늘 샛별이 진다해도
이젠 좀 쉬었다가요

칠흑의 어둠 속 홀로 걸어도
이 가슴 하나 쉴 곳 있다면

내 인생아
내 사랑아
기다림이 떠나자 해도

나 이제
모든 것 다 지우고
편히 쉬리요

이 세상은

토끼가 늑대를 쫓는다.
독수리가 된 새매는 나를 떠났다.

작은 풀로 태어나
꽃이 되고 싶었다.

넓은 초원엔 누구도 없다.
눈을 크게 뜨고 세상을 보았다.

늑대가 토끼를 쫓았다.
새매는 독수리를 닮으려 날개를 크게 폈다.

작은 풀들은 꽃이 되어
초원에 뛰어 놀고

달콤한 벌들은 사슴의 친구가 되고
태양 속으로 걸어가는 내가 보였다.

나는 늑대를 쫓다가
독수리가 되어 하늘을 날았다.

누구에게도 허락치 않는 이 하늘을

쉽게 산다는 것

쉽게 살고 싶다.
쉽게 사는 건 쉬운 것이 아니라지만

쉽게 살고 싶다.
나무의 숨처럼
바람의 길처럼
쉽지 않아도 쉽게 살고 싶다.

살다 보며 다 살아지는 거라고
엄마의 자조섞인 말처럼

발길 머무는 데로
생각이 움직이는 데로
쉽게 살고 싶다.

쉽게 살고 싶다.
쉽게 사는 게 쉬운 게 아니더라도

손톱깎이

네가 필요하다

손톱 옆 끄스럼을
제거하기 위해서

방구석에 굴러다녀도
쳐다보지 않았는데

네가 필요하다

나는 누군가에게
너 같은 존재라도 되는 것일까?

아니다
난 네가 되고 싶다

2

제주의 봄

제주도 삼월
꽃 잎 하나 피었다.

흔들리다
섬에 토해 낸다.

섬은 토해낸 꽃 잎으로 떠돌다
봄을 만난다.

따스한 바람은 어디서 올까?

청보리

가파도에 가면 청보리만 산다.

소라의 꿈
종달새의 비상
뭍을 향한 끝없는 갈망

한라산을 바라보며
몇 날의 기다림 끝에 청 보리는 익어간다.

파아란 하늘이 누워있다.
파도가 청보리에 부딪혀
한 알 두 알 한라산이 되어 올라간다.

뱃고동 소리
태양의 절규
갯바위의 슬픈 노래 소리

얼마나 더 흔들려야
사랑할 수 있을까?

가파도에 가면 청보리만 산다.

가파도

너는 유채꽃이다.
너는 봄바람에 피는 아지랑이이다.

너는 바위에 부딪히는 파도 조각이다.
너는 먹이를 찾아 떠도는 가마우지의 욕망이다.

너는 청보리밭을 노래하는 종달새의 여유로움이다.
너는 한라산에 앉아있는 때 이른 봄이다.

너는 마라도의 친구이다.
너는 올레길을 걸어가는 소리 없는 기쁨이다.
너는 천 날을 기다려도 그리워지는 애달픈 그리움이다.

오늘도 기다린다.
네가 오기를….

봄

꽃이 피어서
봄인 줄 알았다.

꽃잎이 하나둘 떨어질 때
사람들도 하나 둘 떠나갔다.

꽃이 지고 나서
봄이 떠난 줄 알았다.

피지 못한 꽃 한 송이
떠나는 사람을 막아섰다.

다 못한 말들은 꽃잎에 맺혀있고
비는 내린다.

봄은 또다시 찾아오겠지

난 빗속에서 오늘도 꽃에 물을 준다.

야생화

예쁘다
소리 없이 피었다.

이름도 없다
보는 이도 없다.

태어날 때부터
혼자였다.

누구를 기다리지도 않고
누구에게 불려지지도 않았다.

혼자가 좋았다.

가끔은
바람 구름 새들이
물끄러미 처다보며 지나쳤다.

그래도 난
외로움을 이겨내며
내 향기를 세상에 피우고 싶었다.

이 향기는
누구를 위한 것이었을까?

잠자리

수선화가 피었다.

제비꽃이 피고 난 뒤
장대비가 내렸다.

외로운 잠자리
비바람을 헤치며 힘차게 날으려 했다.

나는 나뭇가지 끝에 앉은 잠자리가 되어
삶의 끝에서 위태로이 서 있었다.

홀로 날 수 없어
떠날 시간이 다가와도
애처로이 앉아만 있었다.

들국화가 피고 난 뒤
하얀 눈이 내렸다.

날으려 했지만
하늘을 향해 기어오르기로 했다.

나뭇가지 끝에 앉아
눈을 감았다.

그리고 마지막으로 힘껏 날아보려 했다.

남들이 외면한 저 넓은 세상을

물안개

세상에 보이지 않는 것이
보이는 거라고
새벽 물안개는 말한다.

물망초 꽃이 울다 지쳐
남몰래 피어나듯이

너는 태양이 흐트러지게 스며들기 전에
지독한 사랑을 해야 한다.

하얀 수면 위를
힘차게 자맥질 하며
시간을 잡아보려 하지만

헤어질 순간이 다가오기에
떠나야 한다.

세상에 보이는 것도
볼 수 없는 것이라고
새벽이슬은 말한다.

나는 어둠을 움켜잡고
물새들이 날개짓하기 전에
너를 지켜야 한다.

아
사라지는 것이
너의 생이라면
태양을 향해 거드름을 한번 피우고 떠나가라.

우리의 삶이 다 그러 하듯이

그 섬에 가고 싶다

해무가
길을 내어주지 않는다.

햇살은 잠시 문틈사이로 왔다가
안개 속으로 사라진다.

길뜨지 못한 사연들로 가득한 연안터미널
편히 쉬던 배낭들이 하나 둘 떠나간다.

오늘은
바다로 갈 수 없단다.

나는 어디로 갈까
머물기로 했다.

안개 속 희미한 섬이 보인다.
섬은 외로움을 토해낸다.

나는 섬이 되어
터미널 구석에서 너를 기다린다.

시 하나 태어났다.

우도

우도가 보고 싶어 배를 탔어요.
섬 속에 섬
그리고 또 섬

사람들은 갈매기가 되어
섬을 맴돌고
나도 돌담과 파도의 노래 소리를 타고
우도를 떠돌았어요.

잊기 위해서
오랫동안 가슴 깊은 곳에 있던
그립다는 말은
산호모래 속에 꼭꼭 묻었어요.

그래도
그리워요.

우도의 하루

걷는다.
바람이 내게 묻는다.
어디로 가고 있냐고.

걷는다.
파도가 내게 묻는다.
하이얀 눈물 한줌 뿌리고 돌아선다.

걷는다.
하나둘씩 쌓아 올린 돌탑들은
더 높이 날기를 꿈꾸고

억새풀로 뒤덮인 측은한 가을은
하이얀 겨울을 기다린다.

걷는다.
이루지 못한 늙은 고집은
벌거벗은 채 맨발로 내 길만 가고
쉼이 필요한 풀들은 누워 하늘만 바라본다.

걷는다.
한발 한발 걸어왔던 그 길을
또 걸어가고
저녁 섬 그림자에 비친 나는
허망하게 노을을 맞이한다.

걷는다.
끝이 어딘지 알 수 없는 그 길을
천천히 걷는다.

어둠이 내려앉은 우도
문득 나는 걷던 길을 물끄러미 뒤돌아본다.

연

날고 싶다

저 높은 곳에서라도 너를 볼 수 있다면
바람이 없어도 더 높이 날아

나를 기다리는
너에게 가고싶다

연평도엔 기차가 없다

연평도에 간다.
텅 빈 좌석엔 비쩍 마른 조기 몇 마리 뒹군다.
생선 비린내에 멀미가 난다.

기차를 타고 연평도에 가는 꿈을 꾼다.
바다 저편에 기차역이 보인다.
철길 옆 소나무에 물새들이 쉬었다 간다.
석련 한 송이 바다에 떨어진다.
종착역이 보인다.
조기들이 펄쩍뛰며 반긴다.
바다는 내 가슴속 응어리를 토하라 한다.

뱃고동 소리에
철로를 달리던 여객선은 바다에 내려앉는다.

연평도에 왔다
연평 바다역엔
물새 몇 마리 여행객을 반긴다.
나도 물새가 되어 연평도를 떠돈다.

새벽부터 비는 내리고 있었다

새벽부터 비는 내리고 있었다.

제비꽃 몇 송이 겨우 핀
메마른 대지에

내가 만약 비였다면
지금 그 사람의 사랑위에
몇 줄기 내려지겠지

사랑받기 위하여
누구에게도 기다림 없는
그 사랑을 위하여
가끔 비라도 되어
황토 빛 메마른 당신에게
살며시 내려앉을 수 있다면

제비꽃은 봄을 보내면서 시들고
이제 막 라일락은 향기를 피우려 한다.

새벽부터 비는 내리고 있었다.

보고픔은
서녘 노을이 되어
어린 바다에 머물고
사랑은 검붉은 피를 게우며
떠나려 한다.

새벽부터 비는 내리고 있었다.

들꽃

그저 버려지리라
돌아보지 않았다.

바람에 흔들려도
꽃은 피었다.

꽃으로 태어났지만
들풀처럼 살아야 했다.

저 꽃들도
나처럼 외로울까

천둥이 안개비를 삼키고
어둠속 번개가 번득이어도

나는 흔들리면서도
누구의 꽃이 되고 싶었다.

그 꽃은 길을 잃다 별이 되어
지난밤 하늘에 닿았다.

저 꽃은 누구의 별일까?

부산에 가면

부산에 가면
내가 있다.

물끄러미 서 있는
동백섬이 반기고

해운대 파도는
뭍으로 나와 나를 반긴다.

갈매기도 있고
동백꽃도 있다.

오륙도는 저 멀리서
등대불로 나를 반기고

백사장위 무명 가수는
밤새도록 나를 기다린다.

부산에 가면
네가 있다.

밀려오는 파도 속에
오랫동안 기다려온 네가 있다.

나는 시인이 아니다

나는 시인이다.
시를 읽고
시를 쓰고

나는 시인이다.
서걱이는 바람에 슬퍼하기도 하고
지는 노을에 기대어 눈물 흘릴줄도 아는

나는 시인이다.
바닷가 빈자리에 앉아
길잃은 물새와 친구도 되고
부서지는 파도에 숨겨둔 시를 띄우기도 하는

나는 시인이 아니다.
머릿속 가득한 시의 말을 노래하지도 못하고
내안에 있는 서러움을 토해내지도 못한다.

나는 시인이 아니다.
지독한 슬픔에도 목 놓아 울지 못하고
눈물이 흘러내려도 미소 지어야 하는

나는 시인이 아니다.

우리가 그날 함께였다면
- 영기에게

강릉행 열차를 탔다.
고한에 스고
정선에 섰다.

밤새 이야기와 함께 한 기차는
경포대 백사장에 멈춰 섰다.

바닷가 해송은
파도의 꿈을 속삭였고

우리는
라면 국물에
젊음을 타서 노래했다.

하늘엔 모래알만큼
별들이 총총 거렸다.

강릉행 열차
고한에서도
정선에서도
정차할 이유가 없었다.

그 많던
경포대 모래알은
별이 되어 하늘로 올랐고
익숙했던 음성 하나
파도소리에 파묻혔다.
그날
떠나는 너를 잡지 못함은
우리가 별이 되어
하늘에서 만나기 위함이었다.

잘 지내지!
경포호수에 소주 한 잔 띄운다.

3

막걸리

쌀, 찹쌀 그리고 누룩
기다리면 되는 것이라고
몇 날을 기다렸다.

슬픈 날엔 술독을 휘저었고
기쁜 날은 술 내음에 취했다.

항아리는 식은땀을 흘리며
결박을 풀어 달라 애원했다.

술이 익어 간다.
뽀얀 막걸리가 세상을 향해 춤을 춘다.

사랑도 기다리면 익는 것이라고
막걸리는 내게 속삭였다

밥 꽃
― 무료급식소에서

밥을 푼다.
꾹꾹 눌러 가득 푼다.

뽀오얗게 피어나는
하이얀 쌀밥 꽃
서린 김 속에 우리엄마는
밥 꽃으로 나타나 환하게 웃는다.

한 그릇
두 그릇
그리도 먹고팠던 멥쌀 밥
꾹꾹 눌러 가득 푼다.

휑한 얼굴
가녀린 손
연실 퍼 올리는 어머니들 사이로
엄마가 기쁜 미소를 띠운다.

밥을 푼다.
꾹꾹 눌러 가득 푼다.

가슴으로 퍼 올린 눈물 한 알이
툭 튀어 하늘로 오른다.

엄마생각

엄마가
빠알간 함지박에 묵 팔러 간 날
비가 왔어요.

나는 문지방에 앉아
비 그치기만 기다리다
문풍지 노래 소리에 잠이 들었어요.

엄마는 비에 젖어
팔지 못한 묵처럼
축 처져서 집에 오셨어요.

나는
엄마의 함지박 묵을
다 사드리고 싶었어요.

어둠이 내려앉기 전
물에 불은 묵을 꾸역꾸역 먹었어요.

비는 계속 내려요.
젖은 묵처럼 단칸방에 스며드는 빗물은
우리를 물끄러미 보더니
슬퍼 울음 울어요.

곧
비는 그치겠지요.

내 유년의 기억도

군불

툭탁
툭탁
새벽별이 찾아오면
어김없이 들리는 아름다운 노래 소리

칼바람이
문학산 능선을 삼키어도
사랑 빛 불꽃은
별무늬를 그리며
한 평 흙벽돌 아랫목에 내려앉는다.

누더기 옷을 곱게 입고
비녀에 솔가지 꽃을 드리우고
별을 닮은 엄마는 사랑을 지핀다.

툭탁
툭탁
장작 타는 소리는 피아노 선율이 되어 흐르고
새벽 별이 된 엄마는
꾸벅 꾸벅 아들을 위하여 기도드린다.

단칸방

아이는 친구가 없었다.

어두운 밤
행상 나간 엄마가 돌아오기만
기다렸던 외로운 아이

햇살이 유난히
밝게 비추는 셋방

굴뚝 옆자리를 차지한
작은 꽃이 유일한 친구였다.

밝은 햇살이 있었지만
문을 꼭꼭 걸어 잠그고 혼자 있었다.

문살 사이로 햇살이 잠들면
아이도 잠이 들고

행상 나간 엄마는
어둠이 짙어져도 돌아오지 않았다.

아이는 새처럼 나는 꿈을 꿨다.

몸에 날개를 달고 훨훨 날아
엄마를 따라다니고 싶었다.

이젠
뉘엿뉘엿 어둠이 스며들고
태양이 삭아져도
해가 지지 않는다.

해지면
돌아올 엄마도 없다.

저녁 햇살이 다녀간 후
예순의 어린아이 눈엔
오직 붉은 노을만 볼 수 있다.

오늘도
단칸방 길모퉁이 저만치
함지박을 머리에 인 엄마가
종종 걸음으로 내게 달려온다.

꿈길

왜 한 번 못 오시나요.

꽃이 피는 봄이 왔어요.
내 꿈길은 누구도 오지 못하게
장벽을 치고 기다리고 있어요.

울타리 안에는
오직 당신이 들어오면 반길
꽃들로 가득 채워놨어요.

앵두꽃
제비꽃
피다만 찔레꽃
그리고 감자꽃
모두 당신을 반길거예요.

꽃이 시들기 전
제 꿈길로 한번만 다녀가세요.

작은 언덕 아래

구루메기 흙벽돌집으로요.

엄마의 품

미치도록 황홀한 봄날

제비꽃
냉이꽃
그리고 엄마의 사랑 꽃

북어가 미소 짓고
막걸리 눈물 흘리는
대명리 바닷가

스무 해가 지났어도
똑같은 모습

미치도록 슬픈 날에도
미치도록 기쁜 날에도

나는
그곳에 있네

빈 마음을 내려놓고
다섯 살 아이가 되어
엄마 무릎에
평화롭게 누워있네

어린 달

몸집이 크기 전
귀여운 모습으로 산등성이에 올랐다.

아가 달이
더 자라면 슬플 거라고

문학산 소나무는
나에게 속삭였다.

난 커져가는 너에게
소나무 얘기를 들려줬다.

주린 배를 움켜지고
난 빨리 자라고 싶었다.

문학산 언저리에 둥근달이 떠 있다.
늙은 나는 눈을 반만 뜨고 달을 바라본다.

어린 달도 물끄러미 세상을 보았다.

아무것도 없었다.

당신이 없네요

산속 깊은 곳에
작은 달이 떴네요.

달 한 쪽에 드리워진
희미한 얼굴

간절한 그리움으로
내 마음을 그리고

사무치는 눈빛을
작은 냇물에 띄워
당신께 보내요.

대답이 없다구요.

흐르는 물은
부서지는 햇살을 만나
언젠가 당신을 만나겠지요.

어스름 달빛이
강변에 비추면
찾아오시겠지요.

그러나 오늘도
당신이 없네요.

오이도 가던 길

몇 날인가
집을 버린 아비 찾아가던 날
어미는 어린아이를 등에 업고
길고 긴 소래다리를 건넜다.

초승달은 어둠의 친구가 되어
희미하게 철로를 밝히고
아이는 풀벌레 소리에도 놀라 움찔거렸다.

안개 속에 지쳐있는 오이도
걸으면 걸을수록
어미의 발걸음 무게만큼 더 멀어졌다.

오이도 석산 발파소리처럼
쌀독은 요란한 소리를 내며
협궤열차가 되어 굴러가고

마지막 기차가 지나간 철로는
소리 없는 기적소리로 어미를 위로했다.

그날 엄마는 눈물 한 점 삼키며
가던 길을 돌아와야 했다.

인천엔 협궤열차가 없다

인천엔 협궤열차가 없다.
박물관에도
송도역에도

아!
얼마나 다행인가
송도역 협궤열차가 기적을 울리면
엄마가 다시 돌아오지 않을까?

나는 수인선 전철을 탈 수 없다.
전철이 협궤열차가 되어
내 기억 속으로 돌아올까 두려워

인천엔 협궤열차가 있다.
낡은 협궤열차는 겨울 눈꽃 속을 헤치고
봄꽃을 싣고 유년시절로 달려온다.

오늘도 협궤열차는
엄마가 되어 내안에 있고
나는 열차가 떠날까 두려워 눈을 뜨지 못한다.

흙벽돌

황토 흙이
비와 햇빛을 만나
뒹글거리며 웃는다.

사랑이 되려
눈물 한 점 떨구고
바람의 친구가 되어 하늘로 날아오른다.

솔잎 한 잎 떨어져
무늬를 넣고
산까치 노랫소리는
황토 흙 속으로 스며들었다.

시간을 타고 떠돌던 아이는
예쁜 모습으로 미소 짓고

어미의 간절한 기도는
태양에 전달되어 한 장의 사랑으로 피어났다.

맨드라미

천년의 기도로
피어났습니다.

세상이 깨기 전
이슬 한 방울로 색을 만들고

늙은 어미의 애절한 기도로
깃을 만들어

장독대 틈에서
천둥치던 어느 날 태어났습니다.

저녁노을로
꽃잎을 물들이고

번개의 색을 입혀
까만 씨앗을 만들며

누구의 관심이 없어도
버티며 살았습니다.

이젠
그 많던 맨드라미도
장독대의 아침이슬도
정한수 물에 핀
소망의 꽃도
엄마의 기도가 되어 떠나갔습니다.

민들레 홀씨 되어

누구에게 가려고
나는 것은 아니었다

네가 버린
차가운 저 대지에
나는 살아야겠다고 날았다

바람 따라
이곳저곳
기웃거리며 쉴 곳을 찾았다

어디에 머물 수 있을까
어디로 가야 또 다른 사랑이 기다리고 있을까

바람에 실려
오늘도 날개가 부러지도록
날고 또 날았다

이 세상에
내가 머물 곳이
그 어디에도 없을 지라도

검둥이

외롭게 태어난 것은
마찬가지였다

까아만 털에 작은 눈
나의 유일한 친구였던 너

붉은 노을이 마당위에 걸치면
신작로를 달려 엄마 마중 나가던
나의 친구 검둥이

네가 커가면서
난 네가 떠날까봐 두려워졌다

"우리 집 강아지는 왜 크기만 하면 집을 나갈까?"

검둥이와 밤 우물에 물 길러 가는 날
난 보름달에게 소원을 빌었다
"우리 검둥이는 크지 말기를"

검둥이가 또 집을 나갔다
내가 싫었나 보다
난 울지 않기로 했다

강아지들은 크기만 하면
내가 싫어지나 보다

검둥이가 떠난 며칠 후
커다란 눈에 까아만 점이 있는
예쁜 누렁이가 집에 왔다

엄마는 내가 슬퍼할까봐
아기 강아지를 사오셨나 보다

이상하다
크기만 하면 집을 나가는데
왜 또 강아지를 사오셨는지

난 이제 누렁이의 친구가 되어야만 한다
나는 다짐했다
누렁이는 집 나가지 않도록
꼭 지켜야겠다고…

너 때문에

웃었다.
울었다.
그리고 또 잊었다.

너 때문에
난 하늘을 바라보며
잊는 연습만 한다.

웃었다.
울었다.
그리고 비가 내린다.

그리고 또 잊었다.

잊는 연습만 하는 난
또 잊었다.

고향 가는 길

I

비둘기 열차타고
고향 가는 길

밤새 달리던 기차는
힘에 겨워 헉헉거리며
이른 새벽 어느 시골 간이역에 멈춰섰다

강과 산이 보이고
어미의 기억을 더듬는 몸짓도 보였다

늙은 사과나무 몇 그루
길 위에 누워있다 벌떡 놀란다

여기가 아비의 고향 가는 길이란다
아비는 더 먼 길을 떠났지만

걸어도 걸어도 길은 끝이 없고
어미 뒤를 좇던 나는
친척 만나는 기쁨에 발길을 재촉했다

어미와 이별하는 길인지 모르면서

II

여기가 고향이란다
금호강이 보이고 깊은 산도 보였다

어미는 어린 자식과
이별을 모질게 받아들였나보다

사촌동생들이 모여 들었다
서울말 쓰는 나는 이 마을의 귀한 손님이었다

어미는 나의 손을 꼭 잡았다
애써 외면하는 눈물로 가득 찬 어미의 눈을
나는 볼 수 없었다

돌아서 발길을 재촉하는 어미의 뒷모습을
보지 않았다

뒷간으로 갔다
눈물이 펑펑 쏟아졌다

III

눈을 떴다
눈을 감았다

우리 집이 아니었다
눈물을 참았다

큰아버지의 걱정스런 목소리가 들렸다
고모는 나를 꼭 안고 눈물지었다

이젠 웃어야 한다.
아무일도 없었던 것처럼 웃어야 한다

어미가 뒤도 보지 않고 바삐 갔던
신작로가 보인다

그 길에 앉아 흐르는 강물을 보면서
꿈을 꿨다

집에 돌아가는 꿈을

Ⅳ

뒷간 구석에 숨어
편지를 썼다

눈물에 검은 물감을 넣어
한자 한자 적어 내려갔다

이곳은 행복하고 좋은데
배곯아도 엄마와 살고 싶다고

신작로에 앉아
우체부 오기를 매일 매일 기다렸다

산모퉁이 너머
종종걸음으로 바삐 오는
엄마가 보였다

눈을 비비고 난 다시 한 번 봤지만
엄마였다

편지를 받은 엄마가 단 숨에 고향으로
달려온 것이다

나는 부끄러워 엄마를 부르며 달려갈 수 없었다

그날 서울 행 비둘기 열차는
무척이나 느렸다

4

한시훈

인천에서 자라
미국 뉴욕에서 살고 있다.

詩

내 하늘

어제는 추웠고
오늘은 따뜻했다
오늘은 하늘의 구름마저 아름답네

소원을 이루어 줄 것 같은 별들이
내 하늘을 반짝이지

제일 예쁜 금색 드레스로 꽃단장한 달이
내 하늘에 온기를 불어넣지
오늘같이 아름다운 밤에는
내일의 하늘은 어떨지 궁금하네

내일의 하늘은 새까만 먹구름이 낄지
눈물이 머리를 적실지
걱정이 앞서는 밤

내일의 나에겐
과연 오늘의 별들과 달이 있을까
어여쁜 별빛 아래서도

따뜻한 달빛 아래서도
불확실성의 기후를 핑계삼아 벌벌 떠는 나는

누군가에게 한 순간이라도 작은 빛이 된 적이 있을까

My Sky

Yesterday was brisk,
today is toasty warm.
Even the clouds in the sky are beautiful.

My sky had dazzling stars
waiting to grant my wishes.

My sky had a lovely moon
wearing her best golden dress.
On a beautiful night like tonight
I wonder about the sky tomorrow.

I wonder if it will have bleak dark clouds.
I worry if it will tear rain on my cold fingers.
I wonder, worry, and wish.

What will tomorrow unveil for me?
Underneath the lovely starlight,
underneath the warm moonlight,
will there truly be the stars and moon of today?
I, even with all the dazzling lights shining upon me today,

always worry about the weather of tomorrow,
and make all the excuses in the world.

Have I ever been the spotlight for someone?

강변길

처음으로 강변을 걷던 날
파랗고 싱그럽던
소년과 봄

꿈만 같던
빌딩숲, 벚나무, 사정없이 밀려드는 강물
그대로 흘러 나가는 봄날의 추억

그 시절 바람부는 섬의 봄날
강가의 벚나무가
우는 듯이 드리우네요

그 화사한 봄날에도
소년은 슬픔을 꽃잎 뒤에
애써 가려 보네요

이국 땅의 소년은
무엇을 잃었기에 이토록
그 봄날에 슬피 우나요

흩날리는 꽃잎과 함께
강을 적시는 눈물
그 봄날은 쉬이 떠나가지 않나요

멀어져만 가네요
한 움큼 눈물을 머금고
벚꽃 잎은 바람에 흩날려
강 너머로 보일 듯 말 듯

소년은 강을 건널 수 없어서
천천히 주저앉습니다

강 건너에는 벚꽃 잎에 맺힌 매일 밤의 꿈이
나를 기다리고 있을까요
벚꽃색 그 꿈은 단지 허상일까요
고민해봅니다

소년의 새하얗던 봄날
봄 여름 가을 겨울
소년의 겨울이 지나간다면
또다시 봄이 오기를 기다려봅니다

Riverbank

Walking along the riverbank.
Blue and fresh,
one spring day, one boy.

Endless rows of skyscrapers, cherry blossoms, and the river waves.
Dreamy memories of a spring day flowing along the river.

On this windy island's spring day,
all the cherry blossom trees along the riverbank shed flowers,
like teardrops, onto the river.

Even on that dreamlike spring day,
the boy tries hard to hide his melancholic and longing feelings,
behind the rain of flowers.

This boy from a faraway land,
what makes him so forlorn?
What has he lost?

Along with the falling cherry blossom flowers,
teardrops wet the river.
This spring day doesn't make it easy for the boy.

Cherry blossom scatter in the wind
drifting further away
across the river horizon,
with tiny tears held back.

As the boy cannot cross the river,
slowly he sits down, capitulated.

Will the boy's dream, engraved on the cherry blossom memories,
be waiting for him across the river?
Or was the pastel-colored dream merely an illusion?
I sat morosely, contemplating.

The boy's colorful spring day.
Spring, summer, autumn, and winter.
When the boy's winter passes,
I pray for a cherry blossom spring.

소나무와 소년

산과 호수가 만나는 그곳에서
이쁘고 다채롭던
한 소년의 봄

산줄기 불어오는 산바람에 맞서
흙벽에 기와너머 소나무가
울타리를 이룹니다

소년의 상상속에 소나무는 비행기가 됩니다
바람이 닿는 그곳까지 환히 비추는 등대도 됩니다

계절이 끝나도록 타고놀아
솔잎도 솔방울도 떨어지고
소나무의 등은 굽어만 갑니다

계절이 지나
더운 여름엔 소년은 집에서 텔레비전만 봅니다
그런 소년이 그리워 소나무는 고개를 드리웁니다

흙벽에 기와너머로
보일 듯 말 듯
넘어갈 수 없어서
바람의 도움으로
천천히 두드려봅니다
똑똑똑
솔방울이 떨어지는 소리

소나무위로 다시 올라간 소년은
비행을 하려 합니다

꼭대기에서 위태롭게 떨어지려는 찰나
가을바람은 나무 위 소년을 태워
등대가 비추지 못하는 곳, 텔레비전에서만 나오던 곳
그곳으로 소년을 인도합니다

소년의 화사했던 봄, 여름
소나무는 슬픔을 애써 가려도 보네요

멀어져만 가네요
한 움큼 눈물을 머금고
가을은 바람에 흩날려
단풍도 떠나갑니다

높은 가을 하늘에
흩날리는 솔방울과 함께
뚝뚝 떨어지는 눈물

오늘의 흙벽 뒤에는 어엿한 청년이
소나무를 기다리고 있을까요
새빨간 단풍 뒤에 작게 보이는 그대는 단지 허상일까요
소나무는 매일을 고민해봅니다
겨울의 동파가 담장을 무너뜨리길
부질없는 기다림의 연속입니다

사시사철 푸를 것만 같던 소나무가
대쪽처럼 곧을 것만 같던 소나무가
솔방울을 다 떨군 채로 노래져서
담장에 기대어 있네요

바람도 몇달 걸려 닫는 그곳에서
청년도 소나무를 향해 바라보며
그리움의 빗물을 떨구네요

소년과의 아름답던 날들
이 날들은 쉬이 다시 오지 않겠지만
봄 여름 가을 겨울
청년의 겨울이 지나간다면
소나무는 다시 그에게 봄이 오기만을 기다립니다

소나무는 그렇게 굽어갑니다

The Pine Tree and the Boy

Where the mountains and the lake meet,
chromatic and vibrant
were the boy's spring memories.

Strong breeze traveling along the mountain range
clashes against the clay wall,
behind the wall, was a pine tree.

In the boy's imagination, the pine tree is an airplane, and it is a lighthouse,
guiding him toward where the breeze originated.

He rides and plays all summer until the pine needles and the pinecones fall.
Ages, the pine tree.

When the chilly Autumn breeze hits the pine tree
The boy goes back inside to watch the television.
All left alone, the pine tree misses the boy.

Over the clay wall, the tree could barely see the boy
yet it could not go over the wall.

So, with the help of the wind
taps the wall.
Knock, knock:
the sound of pinecones falling

The boy once again,
imagines the pine tree as an airplane, a lighthouse.

When the boy is about to fall down from the pine tree,
The fall breeze lifts the boy up swiftly and guides the boy to the place:
where the lighthouse is out of reach is the place that can be only found on television.

Beautiful memories with the boy.
The pine tree hides his sorrow,
behind the brightness of the foliage.

Getting further and further,
holding back the tears
Fall falls with the wind.

Falling pinecones,
falling tears.

Will there still be the boy, all grown up, behind the clay wall?
Or maybe, the foliage was just an illusion.
It's the pine tree's rumination.
Pining that the winter will weaken and burst the wall.
Forlorn waiting continues.

The forever-green pine tree,
The forever-tall pine tree
leaning against the fence
with its brown needles and fallen pinecones.

Far away land where the strong breeze originated,
the now young man gazes back at the pine tree,
shedding the tears of longing.

Beautiful seasons with the boy.
This fall might never come back.
Spring, Summer, Autumn, Winter.
When the boy's winter ends,
I am pining for the spring.

Ages, the pine tree.

이상

가을색을 띈 붉은 낙엽이 떨어지는 곳에
한밤중 목을 축이러 온 노루가 연못으로 머리를 내밉니다
연못은 달을, 별을, 나무를, 그리고 노루를 비춥니다
탕 하는 소리와 첨벙
온데간데 없이 사라진 노루

연못은 달을, 별을, 나무를 그리고 나를 비춥니다
빈손인 사냥꾼
연못가에 앉아
빈 보따리를 내리우고
연못 속 자신을 바라보네요

연못 속 자화상인지? 정체모를 동질감
하지만 연못 속 그는 나와 너무도 다릅니다
가득 찬 보따리와 털가죽옷 그리고 어깨에 노루 한 마리
나에게 그는 불안함과 동경의 대상입니다
나는 그가 아닙니다

홀로서는 사냥꾼은
살아있는 동물을 잡지 못하지요
나의 총은 소리내는 법을 까마득히 잊은듯 합니다

달도, 별도, 나무도, 어깨의 노루도, 연못 속 그를 바라봅니다
연못 속 그의 그림자가 나를 차갑게 합니다
나의 빈 보따리는 더욱더 가볍게 느껴집니다
밤낮으로 그를 지켜보다
마침내 나는 그에게 빠집니다
연못 깊이 빠져서 그가 사라지는 것을 봅니다

신기루가 미워져
그를 버리고 숲속으로 돌아가다
다시 그가 그리워져
돌아봅니다
달, 별, 나무, 연못, 그리고 그는 그대로 있네요

숲 속에 잡을 수 있는 모든 것 중에
사냥꾼은 잡을 수 없는 유일한 것을 잡으려 합니다
그 자신의 신기루는 절대 잡을 수 없지요

눈에서 떨어지는 빗물, 낙엽을 적시며
연못에 반사된 그도 점점 희미해져만 갑니다
희미해진 그를 뒤로하고
깊은 숲속 어둠속으로 나아갑니다
나는 검은 숲 저편으로 점점 희미해져만 가다가 영원히 사라집니다
가을색을 띈 붉은 낙엽이 떨어지는 연못엔 바람에 날린 빈 보따리가 살포시 내려앉습니다

달도, 별도, 나무도, 어깨 위 노루도, 오로지 연못 속 나를 비춥니다
털가죽옷을 입은 나는 오늘도 가득 찬 보따리와 노루 한 마리를 각각 어깨에 얹고
떠오르는 아침해를 맞으러 힘차게 나아갑니다

Reflection

Where the autumn leaves fall,
a deer bows its head toward the pond.
The pond reflects the moon, the stars, the trees, and the deer.
With a loud bang and a splash,
the deer vanishes without a trace.

The pond brights the moon, the stars, the foliage, and myself,
a hunter empty-handed sitting by the pond.
I lay my empty sac on the ground.
I gaze at my own reflection.

'Is it really my own reflection?' I talk to the reflection.
The hunter in the reflection, unlike me looks so unvanquished,
with a full sac, fur jacket, and a deer on his shoulder.
I am not him.

I, the lone hunter,
cannot hunt any animals.
To my rifle, my existence has been consigned to oblivion.

The moon, the stars, the trees, and the deer all are in awe of the hunter in the reflection.
His giant shadows make the cold breeze feel even colder;
my empty sac feels even lighter.
Addicted, day and night, staring at the reflection,
I fall deep into the reflection, and the reflection disappears.

Bitter at this mirage,
I leave him and stomp into the woods.
Then, misses the reflection again,
and looks back into the pond.
Moon, stars, foliage, and the hunter are still there.

Out of all the things in the woods that I could get,
I tried to get the only thing I cannot.
A mirage of myself.

Raindrops from my eyes wet the pond.
The reflection fades away as the teardrops shatter the image of the moon, the stars, and the foliage.

Turning my back on the reflection,
I march into the dark forest.
With the shady mist, I slowly fade away until I can never come back.
The pond brights the moon, the stars, the foliage,
and the empty sac floats gently on the pond.

The pond brights the moon, the stars, the foliage, and myself,
an unvanquished hunter with a full sac, fur jacket, and a deer on my shoulder,
Marching towards the rising sun.

달리는 강물

화이트 마운틴 정상에서 흐르는 백년설은
대서양으로 흐릅니다
중력을 저항하듯 대서양의 파도는
강 어귀에서 끊임없이 강물과 부딪치며 저항합니다
승자 없는 끊임없는 결투
영원한 파도폭풍

그곳 강어귀의 백사장에서 달리는 소년
백사장 가득한 이국인들 사이에서
아랑곳없이 끊임없이 달립니다
최종 행선지도 모른 채 달립니다

여러 만성질병을 앓아온 소년
삐걱이고 버벅이지만
마지막 잔류배터리까지 끌어모은 힘으로
오늘도 달립니다

행선지는 모릅니다
다만 강 어귀만 벗어나면
새로운 세계로 향한다는 것만

새로운 세계에는 조개와 산호초와
이국의 아름다움이 있습니다

드넓은 세계에는 상어와, 독을 품은 해파리
끝없는 위험이 도사리고 있습니다

달리고 달려 대서양에 도달한 강물은
거대한 파도가 될까요?
잔잔하고 평화로운 바다가 될까요?

중력의 법칙처럼
어딘지 모르는 그곳으로
거센 파도를 헤치며
오늘도 달립니다

보이지 않는 별

매미소리 가득한 무더운 여름 밤
수많은 별들이 밤하늘을 수놓던 어린 시절
밝게 빛나는 별들에 매료되어 가슴속에 별을 품고 살았다

별들을 향해 한 걸음 두 걸음 걸음을 내딛었다
저 많은 별들 중 하나에 닿으리라
땅을 보며 앞으로 앞으로 나아갔다
걷다가 쉬어 가기도 하고
전속력으로 달리기도 했다

가슴속 품은 별이 꺼져갈 때쯤 다시 하늘을 올려다보았다
화려한 도시 속 많은 불빛 중 별은 없었다

그때부터 건물을 오르기 시작했다
차가운 도시에서 가장 높이 올라가면 별이 보이지 않을까?
따뜻했던 그 여름 밤 별에 다다를 수 있지 않을까?

그 어딘가에 있을 보이지도 않는 별을 향해
오늘도 계단을 오르고 있다

Invisible Stars

The hot summer night was filled with the chirping of cicadas,

and countless stars shined in the night skies of my youth,

Enchanted by the brightly shining stars, I saved those stars deep in my heart.

For more than a decade, I carefully placed my steps, one by one, toward the stars,

hoping to someday reach at least one of those many stars.

I looked down at my feet and proceeded forward, always forward.

Walked and walked, until I grew weary.

Sometimes, I sprinted as if my life depended on it.

It was when the star kept in my heart began to fade,

I paused my steps to glance up at the night sky again.

Surrounded by the dazzling city lights, there were no stars.

It was then that I started climbing up the buildings.

Pondering if I could see the stars from the highest point in the cold city;

"could I reach the stars I saw on that warm summer night?"

Today, I am still climbing up the stairs
towards the invisible stars that might exist.

지하철

출근길 지하철 사람들의 땀 내음
바쁘게 오가는 발걸음이 멈출 때면
다시 모두가 출렁이며 같은 선로 위를 달려가네

각각의 노랫소리를 파묻는 지하철 진동음
행선지는 달라도 너무나 똑같은 모두들
지하철은 그 무거운 삶의 무게를 출렁이며 계속 앞으로 나아가네

끝없는 건물들 출렁이며 휙 휙 지나가고
파아란 나무들과 들판이 나올 때
문득 나는 지하철에서 내리고 싶어졌다

Subway

A strong scent of sweat in the rush-hour subway car.
When the hurried footsteps cease amidst the subway's crowded cars,
everyone sways together, pacing along the same tracks.

The subway's vibrations drain out all our individual music,
though our destinations may differ, we all seem so alike.
The subway carries the weight of our burdens, swaying onward.

Endless buildings will sway by,
and when the blue trees and fields come into view.
I long to detrain.

시인의 말

한창원

10년 만에 신작시집을 들고 길을 나선다.
가벼운 배낭하나 메고 길을 걷기 시작하면서 메모한 글들이다.
새로운 길을 걸으면서 만나는 모든 생명들과의 이야기다.
어느 길이 내 길일까?
어떤 길이 나를 기다리고 있을까?
어릴 때 어머니와 걷던
구루메기 마을의 수채화처럼 아름다웠던 길
내 가족, 친구, 사랑하는 사람들과 걷고 있는
지금의 행복한 길

오늘도 나는 또 다른 길을 걷기위해
정거장에 홀로앉아 버스를 기다린다.
그 길가엔 꽃들이 피고 지겠지.

Ps. 시집에 그림을 그려준 제 아내와, 함께 글을 쓴 큰 아들 시훈,
응원으로 함께한 작은 아들 승훈에게 고마움을 전한다.

시인의 말

한시훈

미국으로 떠나기 전 아버지와 둘이 여행을 갔습니다.

속초항의 늦은 밤, 아버지는 나에게 미국에 꼭 가야겠느냐고 다시금 물어보셨습니다. 나는 미국에 가려는 확고한 의지가 있었기에, 후회될 결정인지 아닌지 고심할 필요가 없었습니다.

16세의 나는 준비도 없이 혼자 비행기에 올랐습니다. 내가 가야만 하는 이 '길'은 비록 외롭고, 힘들 수도 있지만, 나에게 주어진 길이 아니라, 내가 선택한 길이기에 행복한 마음으로 걷고 또 걸었습니다.

글을 통해 타국에서의 성장기 소년의 감정을 있는 그대로 담아내려고 노력했습니다. 나 자신을 글에 투영함으로써 지금 이순간에도 많은 선택의 기로에 놓여있는 친구들에게 혼자 가는 길에도, 혼자가 아니라는 위안을 주고 싶었습니다.

따뜻한 사랑으로 응원해주시는 아버지, 어머니, 동생에게 이 글을 통하여 그동안 표현하지 못한 감사의 마음을 전합니다.

| 발문 |

걸어온 옛 길, 가야 할 다른 길

김윤식 시인

1. 이십여 년의 세월

한창원 시인과 같이한 세월을 따져 보면 이십 년 남짓하게 될 것이다. 본격적으로 교환(交驩)이 시작된 시기는 2002년 여름 무렵으로 기억한다. 애초에는 신문사의 서강훈 사장님을 뵙다가 그 무렵 상무로 있던 한 시인을 보게 되었던 것이다.

서강훈 사장님은 중앙동 옛 신광인쇄소 옆, 구 일본제18은행 건물의 별실처럼 생긴 공간에 자리잡은 경기교육신문사 때문에 알게 되었다. 경기교육신문사는 그때 서 사장님이 발행한 신문이었다.

1970년대 중후반 무렵, 신광인쇄소에서 잘못된 한자를 찾아 바로잡아주며 밥을 먹던 필자의 일이, 또한 인쇄 때문에 매일이다시피 들르시던 서 사장님을 뵙게 되는 계기가 되었고, 그것이 후일 다시 신문사의 상무이던 한 시인을 만나는 인연으로 이어졌던 것이다.

그 후 신문사에서 개최한 학생 백일장 따위의 심사 일로 간간히 한 시인을 만났다. 때로 중구문화원에서 주관한 향진원 학생들과의 수학여행에 동행한 일도 있었고, 이따금 개인적인 식사자리를 가지기도 하며 지냈다.

그러면서도 그 시절 한 시인이 시를 쓰고, 또 시집을 펴내고 했던 사실을 전혀 몰랐다. 그는 자신이 시를 쓰는 시인이라는 사실을 여기저기 드러내지 않았다. 또 향진원 같은 시설의 불우한 아이들을 독실하게 후원하는 사람인 줄도 몰랐다. 그는 그렇게 조용했다.

그러다가 2004년에 필자가 인천문인협회 회장을 맡게 되었고, 그 2년 뒤인 2006년에 한 시인이 인천문인협회 회원으로 입회했다. 입회 이후 인천문인협회의 운영 이사직을 맡아 크게 애를 쓰기도 했다.

세상은 뭐라 할지 모르나, 필자가 알고 있는 한 시인은 과묵하고 모나지 않은 성품에 온건하면서 유쾌한 사람이었다. 그리고 매우 부지런한 사람이었다. 더불어 그늘진 쪽 사람들에게서 절대 눈길을 거두지 않는 다정하고 훈훈한 사람이었다.

근래 서강훈 회장님 뒤를 이어 여러 해 동안 신문사를 이끌어 나가랴, 인천 사회 각계, 다방면의 일들에 참여하랴, 안팎의 난관과 곡절을 뛰어 넘으랴, 해서 전과 같이 자주 상면하지 못한 것은 차라리 둘째로, 이제 더 이상 시를 쓰지 못하리라 싶었다. 그런데 문득 보란 듯이 다섯 번째 시집『길』을 상재한 것이다. 그것은 아마 부지런한 한 시인의 천성이 스스로에게 채찍질을 해 늦은 밤까지 책상 앞에 앉게 했던 결실이리라.

그리하여 교류 이십여 년 이래, 시집『길』을 통해 비로소 한 시인의 내면을 좀 더 다가서서 들여다볼 수 있게 된 것이다. 이순(耳順)을 넘긴 그의 무성해진 삶의 수목(樹木) 줄기, 그리고 풍성하게 익어가는 사유의 열매들을 먼저 누리는 행운을 가지게 된 것이다.

차제에 독자들에게 긴히 첨언하거니와 그가 낸 기왕의 시집 네 권,『강』『내 안에 있는 또 다른 나에게』『홀로 사는 이 세상에』『협궤열차가 지고 간 하루』는 오늘의 그의『길』을 읽어 이해하는 좋은 길잡이가 될 것이란 점이다.

소략하지만 이렇게 지난 이십여 년 한창원 시인과 필자의 교류, 그리고 감회를 몇 줄에 줄여 여기 발문의 모두(冒頭)에 적는다.

또 한 가지, 이 시집은 한창원·한시훈 2인 공동시집이란 점을 말한다. 그러나 여느 2인 시집과 다르게 두 사람은 부자지간이다. 오늘에 흔치 않은 일이다. 아들 시훈은 지금 멀리 미국 뉴욕에 유학 중이다. 시집『길』에 수록된 작품은 제4부의 한글 원문시 7편과 이를 영역한 번역시 6편이다.

“16세의 나는 준비도 없이 혼자 비행기에 올랐습니다. 내가 가야만 하는 이 '길' 은 비록 외롭고, 힘들 수도 있지만,

나에게 주어진 길이 아니라, 내가 선택한 길이기에 행복한 마음으로 걷고 또 걸었습니다."

시훈이 아버지 한 시인과 시집을 묶으며 쓴, 어린 날 어른 같은 생각을 가졌던 때의 '길'의 회고이다. 이렇게 해서 오늘 아버지와 아들은 한 시집, 그 『길』을 함께 걸어가고 있는 것이다.

이제 한창원 시인의 『길』을 읽어갈 차례다.

2. 옛길 위의 눈물 한 점

방금 앞에서 보았듯, 한창원 시인의 아들 시훈도 자못 심중한 소회를 밝힌 바 있는 길은 이 시집의 제호다. 그리고 작품이 실려 있는 순서로서도 맨 앞이다.

걷는다.
아무도 없다.

길이 외롭다.
나도 외롭다.

눈물 한 점 길 위에 머문다.

걷는다.

누구의 길일까?

—「길」 전문

바로 이 시집의 첫 작품이자 제호로 쓰인 「길」이다. 먼저 상당한 감정의 절제로써 군더더기 없는 간결한 시어와 단순하고 짜임새 있는 구조를 가지고 있는 좋은 작품이라는 말부터 한다.

4연의 구성이지만 통틀어 7행이다. 행의 길이도 3연을 제외하면 고작 세 글자, 혹은 다섯 글자로 짧게 압축되어 있다. 그래서인지 이 작품을 읽으면서 우리는 금세 그 내면에서 울리는 울림의 정체를 간파할 수 있을 것 같은 느낌을 갖게 된다. 예를 들어 쓸쓸이 내려놓는 발소리인가, 저벅저벅 포도(鋪道)를 밟는 발자국소리인가, 쉽게 판별할 수 있을 듯하다는 것이다.

차근차근 읽어보자. 보다시피 이 시는 밑도 끝도 없이 "걷는다./ 아무도 없다."는 말로 첫 행, 첫 연을 시작한다. 무뚝뚝할 만큼 직설적이다. 외람되나, 양주동 박사가 그 유명한 「가시리 평설」에서 "기구(起句)의 문득 돌올(突兀)함이 천인(千仞)의 단애(斷崖)와 같고"라고 한 표현에 들어맞지 않을까 하는 생각마저 든다. 그야말로 거두절미하기 때문이다.

아무튼 이 첫 연은 아무도 없는 길을 홀로 걷는 시적자아의 처지를 보여준다. 둘째 연은 외로운 감정, 그리고 그 감정의 타자(길)에의 투사(投射) 혹은 이입, 그리고 단 1행으로 이루어진 세 번째 연은 길에 대한 추억의 징표로서 눈물 한 점, 그리고 마지막 연은 낯선, 알 수 없는 길을 걷는 시적자아 스스로의 회의, 의문이다.

그러나 이렇게 분석해 놓고 보니, 이것이 오히려 이 작품에 대한 독자들의 요해(了解)를 방해하는 것 같다. 쉬운 방법이라면 이 작품 속의 '길'의 의미와 시적자아의 심리를 밝히는 것이 핵심일 듯하다.

길이라고 하면 사전의 뜻풀이대로 우선 사람·짐승·배·차·비행기 등이 오고 가는 교통로, 통행로부터 떠오른다. 더하여 길은 우리가 지켜야 할 도리나 목표의 방향, 방도와 수단 같은, 인간의 비유 정신이 창조해낸 추상적 개념도 가지고 있다. 그밖에 사물이든, 인간 정신이든, 그것이 움직여 가는 과정을 이르기도 한다.

하지만 한창원 시인이 작품 「길」 안에 표상해 낸 길은 실재적, 물리적 통행로로 단언해 말할 수는 없을 것 같다. "걷는다"는 표현에 의해 유가나 불가에서 말하는 '도리' 혹은 '도'도 꼭 집어서 아닌 듯하다. 더더욱, 심각한 숙명의 길로만 판단할 수도 없어 보인다. 언뜻 모호해 보인다.

그 이유는 이 시 속의 길과 시적자아 '나'의 걷는 행위가 실제가 아닌 머릿속 관념으로 읽히기 때문이다. 그 원인은 시의 표현에 있어 기본이라고 할 수 있는 비유적 표현이 전무하기 때문이기도 하다.(「길」을 감상하면서 독자들은 이 시가 그 안에 어떤 비유와 묘사도 가지지 않았음을 상기하기 바란다.)

그렇더라도 '길'과 '걷기'를 상징적 표현으로 생각해 읽을 때, 이 작품의 모호성이 해소됨을 느끼게 된다. 즉 '길→삶의 도정, 걷기→살아가기'의 상징으로 바꾸어 놓고 이 시를 읽으면 이해가 온전히 가능해진다는 말이다.

그러니까 오랜 세월 동안 걸어온 삶의 도정 속에서 느끼는 혼자라는 자각, 그에 이어 일어나는 짙은 외로움, 그리고 이제 '누구의 길인지도 모를' 만큼 생소하게 느껴지는 또 다른 길을 걸으며, 차마 겉으로 드러내지도 못하는 씁쓸함이 이 시의 내면이라고 할 것이다.

"길 위에 서서/ 길을 묻는다/ 길은 보이지 않는다.// 길은/ 또 다른 길을 걸으며/ 대답을 한다."(「길 위에 서서」)는 이 구절이 「길」의 마지막 질문 "누구의 길일까?"에 대한 대답일 듯싶다.

「길」 작품에 대해서는 소재, 주제 모두가 새롭지 않다는 지적이 있을 수 있다. 그러나 이순을 넘긴 그 연령대 시인의 감성을 우리는 넉넉한 이해로 맞아들일 수 있을 것이다. 「길」은 이 시집에 수록된 시들 가운데 단연 돋보이는 작품의 하나다.

내가 갈 길만 간다.
무거운 삶을 굴리며

내 하늘은 황토 빛
내 땅은 파아란 바다

난 거꾸로 세상을 보고
뒤로 뒤로 내 길을 간다.

달님이 길을 비추고
별님이 길을 안내해도

두 눈을 꼭 감고
내 길만 간다.

거꾸로 거꾸로

— 「개똥벌레」 전문

길을 주제로 한 또 다른 작품 「개똥벌레」를 읽으면, 앞서의 작품 「길」 속의 길과는 전혀 의지가 다른 길임을 직감한다. 어디서 근원했는지 모르나 이 시에서는 새로운 길에 대한 시적자아의 대단한 각오를 볼 수 있는 것이다. 즉 "난 거꾸로 세상을 보고/ 뒤로 뒤로 내 길을 간다."는 것이다. 물론 "거친 바람에/ 올레길 깃발은 방향을 잃고// 내 다리도/ 바람에 흩날리다/ 방향을 잃"(「올레길」)기도 할 터이지만, "두 눈을 꼭 감고/ 내 길만" 가겠다는 말 그대로 의지에 찬 새로운 자신의 길을 보여준다. 이렇게 누구의 간섭도 지시도 배제하고 '두 눈 꼭 감고' 가려 하는 그 의지가 사뭇 두텁고. 그 어조가 마치 소년의 다짐처럼 풋풋하다. 이런 태도는 아마도 "눈물 한 점 길 위에 머"물게 둔, 마지막으로 보인 '홀가분한 용기' 때문이 아닐까 싶다.

인간은 세상에 나와 걸음마를 배우면서 길을 가기 시작해 훗날 걸음을 멈추는 순간에 생을 마감한다. 어디서 끝날지 그 종말을 모르는 채 긴 삶의 도정을 걸어온 초로의 한 시인은 이제 '외로움은 눈물 한 점으로 옛 길 위의 흔적으로 남겨두고는' 마지막 자신이 선택한 길을 "거꾸로 거꾸로"라도 가려 한다. 물론 '거꾸로의 길'을 선택한 그의 태도에 불안한 기색은 없다. "나의 길을 가장 잘 아는 사람은 결국 나 자신뿐"이라고 한 단테의 금언 그대로 판박이! "네가 내딛는 그곳이 네 길이라고."(「길 위에 서서」) "걷는다./ 바람이 내게 묻는다./ 어디로 가고 있냐고// … // 걷는다./ 이루지 못한 늙은 고집은/ 벌거벗은 채 맨발로 내 길만 가고/ 쉼이 필요한 풀들은 누워 하늘만 바라본다.// … // 걷는다./ 끝이 어딘지 알 수 없는 그 길을/ 천천히 걷는다."(「우도의 하루」) 정말이지 결연하다.

3. 바람 속의 여정(旅情)

집을 나서 길 떠남은 삶의 도정에서의 한 매듭이 될 것이다. 쉴 새 없이 울려대는 전화기 소리에서 홀연히 벗어나는 자유, 눈앞의 낯선 풍광에 멈춰 서서 얼핏 자신의 내면을 바라보는 가벼운 각성! 이것이 여행 길에 나서는 로망이요 꿈이며 기대이다.

한창원 시인의 작품 중에는 파도를 발밑에 두고 바람에 머리칼 날리는 여정(旅情)의 순수 시편들도 더러 보인다. '길' 시편들과 이어진, 그 연장선상의 의식 작용인지 모른다.

걷는다.
바람이 내게 묻는다.
어디로 가고 있냐고.

걷는다.
파도가 내게 묻는다.
하이얀 눈물 한 줌 뿌리고 돌아선다.

걷는다.
하나둘씩 쌓아 올린 돌탑들은
더 높이 날기를 꿈꾸고

억새풀로 뒤덮인 측은한 가을은
하이얀 겨울을 기다린다.

걷는다.
이루지 못한 늙은 고집은
벌거벗은 채 맨발로 내 길만 가고
쉼이 필요한 풀들은 누워 하늘만 바라본다

걷는다.
한발 한발 걸어왔던 그 길을
또 걸어가고
저녁 섬 그림자에 비친 나는
허망하게 노을을 맞이한다.

걷는다.
끝이 어딘지 알 수 없는 그 길을
천천히 걷는다.

어둠이 내려앉은 우도
문득 나는 걷던 길을 물끄러미 뒤돌아본다.

—「우도의 하루」 전문

전편을 읽어 난해하지 않은, 시인의 삶의 길을 회고하고 있는 이 시는 앞의 '길'의 설명 부분에서도 일부 인용한 바 있다. 이 시의 중심어 '길'을 통해 '삶의 도정'을 이야기하는 쪽에 무게 중심이 놓여 있다고 해도 좋을 작품이었기 때문이다. 특히 이 시에는 앞서 언급한 작품 「길」과 또 다르게 길을 주제로 한 몇몇 작품들을 모조리 아울러 종결한 듯한, 비교적 자세하고 구체적인 '길'의 고백이 드러나 있기도 한 것이다.

그러나 이 작품은 「길」에 놓여 있는 애초부터의 상상적, 관념적인 '길'이 아니라 '우도'라는 여행지 현실에서 느낀 그대로, "어둠이 내려앉은 우도/ 문득 나는 걷던 길을 물끄러미 뒤돌아본다."는 식의 현실 여정(旅情) 속에서 상징화된 길이 구별점이라는 사실이다. 문득 이 「우도의 하루」를 통해 거꾸로 작품 「길」이 좀 더 조밀한 모습으로 탄생한 것이 아닐까 하는 의문도 든다.

너는 유채꽃이다.
너는 봄바람에 피는 아지랑이이다.

너는 바위에 부딪히는 파도 조각이다.
너는 먹이를 찾아 떠도는 가마우지의 욕망이다.

너는 청보리밭을 노래하는 종달새의 여유로움이다.
너는 한라산에 앉아 있는 때 이른 봄이다.

너는 마라도의 친구이다.
너는 올레길을 걸어가는 소리 없는 기쁨이다.
너는 천 날을 기다려도 그리워지는 애달픈 그리움이다.

오늘도 기다린다.
네가 오기를….

— 「가파도」 전문

이 시야말로 일상, 루틴에서 벗어나 느끼는 홀연한 자유와 고운 풍광 앞에서 스스로 내리는 유쾌한 각성이다. 시인이 노년에 접어들었다 해도 이 시 어디에서 허망해 하는 시인의 심정을 읽을 수 있으랴. 말 그대로 "소리 없는 기쁨"일 뿐이다.

"우도가 보고 싶어 배를 탔어요./ 섬 속에 섬/ 그리고 또 섬"(「우도」)처럼 '보고 싶어서 배를 타는' 것이나, "저 높은 곳에서라도 너를 볼 수 있다면/ 바람이 없어도 더 높이 날아// 나를 기다리는/ 너에게 가고 싶다."(「연」)는 갈망이나, "기차를 타고 연평도에 가는 꿈을 꾼다."(「연평도에는 기차가 없다」)는 엉뚱한 상상이나, 모두 다 집을 나서 길을 가고 싶은 아이 같은 순수한 마음이다.

4. 유년의 기억

이 시집에서 주목해 읽어야 할 작품들이 이를 테면 한 시인의 유년의 기억들로 보이는 여러 작품들이다. 그에게 물은 바도 없고, 그 또한 자신의 신상에 대해 이러저러 발설한 바 없으니 자세한 내용은 알 수 없는데, 언제 어떤 경로로 전해진 것인지, 한 시인의 유년이 매우 신고(辛苦)했었다는 희미한 기억이 남아 있다.

엄마가
빠알간 함지박에 묵 팔러 간 날
비가 왔어요.

(중략)

엄마는 비에 젖어
팔지 못한 묵처럼
축 쳐져서 집에 오셨어요.

나는
엄마의 함지박 묵을
다 사드리고 싶었어요.

어둠이 내려앉기 전
물에 불은 묵을 꾸역꾸역 먹었어요.

비는 계속 내려요.
젖은 묵처럼 단칸방에 스며드는 빗물은
우리를 물끄러미 보더니
슬퍼 울음 울어요.

곧
비는 그치겠지요.

내 유년의 기억도

—「엄마생각」

한 시인의 유년이 꼭 이러했는지는 모른다. 그러나 이 시 안의 시적자아는 '비와 어머니와 묵'에 얽힌 지울 수 없는, 슬픈 과거의 기억을 아주 선명한 어조로 말하고 있다. 묵을 팔지 못한 어머니는 비에 젖은 채 지쳐 돌아오고, "나는/ 엄마의 함지박 묵을/ 다 사드리고 싶었"다는 안타까우면서도 대견한 본심을 솔직히 토로한다. "단칸방에 스며드는 빗물은/ 우리를 물끄러미 보더니/ 슬퍼 울음"을 운다. 딱한 정경을 보다 못한 빗물조차도 동정한다는 구절에서는 차마 심정이 막힌다. "곧/ 비는 그치겠지요." 할 수 있는 일이란 이런

막연한 바람과 그래서 이 서글픈 기억이 더 이어지지 않기를 바라는 마음. 아마 지금 노년에 이른 많은 사람들이 이렇게 신산하고 처연한 삶을 살아온 기억을 가졌을 것이다.

한창원 시인의 시는 이 시집의 총 4부 중 1. 2. 3부에 걸쳐 실려 있다. 그리고 마지막 제3부는 그 대부분이 한 시인 유년의 기억으로 채워져 있다.

"주린 배를 움켜쥐고/ 난 빨리 자라고 싶었다."(「어린 달」)는 구절은 그의 눈물겨운 유년, 소년 시절의 단면이다. 가난 같은 삶의 영세, 결핍도 그를 힘들게 했을 터이지만, 무엇보다 어머니와의 관계가 그의 유년의 삶을 가장 뼈아프게 한 요인으로 보인다. 앞의 「엄마생각」 같은 작품을 빼고는 대부분의 시가 이별한, 그리하여 부재한 엄마 생각에 관한 슬픈 내용이다. "어젯밤 꿈에 생시처럼 나타난/ 엄마를 부르며 그리움에 소리 내어 흐느껴 운다."(「청개구리」), "오늘도 협궤열차는/ 엄마가 되어 내안에 있고/ 나는 열차가 떠날까 두려워 눈을 뜨지 못한다."(「인천엔 협궤열차가 없다」), 유년 시절 어머니와의 이별에 대한 불안감, 두려움과 그리고 끝내 "어미와 이별하는 길인지 모르면서"(「고향 가는 길」) 고향행을 기뻐하던 악몽 같은 유년 시절의 괴로운 과거 등에 대한 기록들이다.

그러나 한 시인은 마음속에 여전한 희망이 있다.

미치도록 황홀한 봄날

제비꽃
냉이꽃
그리고 엄마의 사랑 꽃

(중략)

빈 마음을 내려놓고
다섯 살 아이가 되어
엄마 무릎에
평화롭게 누워있네

―「엄마의 품」 부분

이 시가 바로 한 시인의 희망이며 마지막 바람이다. 이에 평생 두고 한 시인이 꿈결에서도 바라던, 아니 지금 이순의 나이에도 여전히 간곡히 기원하는 소원―엄마 품, "다섯 살 아이가 되어/ 엄마 무릎에/ 평화롭게 누워" 정말로 "미치도록 황홀한 봄날"을 누릴 날이 오기를 진정으로 빌어 마지않는다.

5. 시훈의 시

한시훈 군에 대해서는 전혀 일면식도 없을 뿐만 아니라, 그에 대한 아무런 정보도 없어 실제 시를 쓰는 시인인지도 모른다. 하지만 맨 앞에서 이미 그의 '길'에 대한 소회와 더불어 부자가 함께 시집을 엮는 취지를 소개한 바 있으니, 그의 시 한 편을 읽는 것으로 마무리하자.

매미소리 가득한 무더운 여름 밤
수많은 별들이 밤하늘을 수놓던 어린 시절
밝게 빛나는 별들에 매료되어 가슴속에 별을 품고 살았다

별들을 향해 한 걸음 두 걸음 걸음을 내딛었다
저 많은 별들 중 하나에 닿으리라
땅을 보며 앞으로 앞으로 나아갔다
걷다가 쉬어 가기도 하고
전속력으로 달리기도 했다

가슴속 품은 별이 꺼져갈 때쯤 다시 하늘을 올려다보았다
화려한 도시 속 많은 불빛 중 별은 없었다

그때부터 건물을 오르기 시작했다
차가운 도시에서 가장 높이 올라가면 별이 보이지 않을까?
따뜻했던 그 여름 밤 별에 다다를 수 있지 않을까?

그 어딘가에 있을 보이지도 않는 별을 향해
오늘도 계단을 오르고 있다

—「보이지 않는 별」 전문

이 역시 '별'이 상징하는 꿈과 이상을 향해 "한걸음 두 걸음" 나아가던 어린 시절의 포부와 의지를 쓴 작품이다. "그 어딘가에 있을 보이지도 않는 별을 향해/ 오늘도 계단을 오르고 있다"는 그의 다짐이 견고해 보인다. 이국땅에서라도 모어로 더 많은 시를 쓰면서 폭넓게 시적 감성을 갈고 닦는 일도 크게 값진 일이라는 말을 해 둔다.

6. 끝의 말

이 글은 한창원 시인의 시 작품 해설을 위한 글이 아니다. 전문적인 해설에는 미치지 못하며, 오직 같은 글을 쓰는 입장에서 그의 시편들을 읽어 조금이나마 이해하는 수준으로, 감상문처럼 쓴 글이다. 물론 오랜 날들, 때로 그와 식사를 하고, 더불어 술좌석에 앉고, 차를 마시고 했던 그런 인연도 글 속 함께 한다.

부질없는 펜을 놀려 장광설을 늘어놓으면서, 오히려 한 시인으로부터 인생의 도정, 그 깊은 '길'의 의미를 느껴 마음에 새기는 크나큰 은덕을 입었으니…….

한창원 · 한시훈 시집

길

초판 1쇄 발행 / 2023년 7월 25일

지은이 / 한창원·한시훈
삽　화 / 김계하
펴낸이 / 윤미경
펴낸곳 / 도서출판다인아트
출판등록 1996년 3월 8일 제78호
인천광역시 중구제물량로232번안길 13
tel. 032+431+0268 / fax. 032+431+0269
e-mail. dainartbook@naver.com

인　쇄 / 한컴인쇄
제　본 / 대한제책

ISBN 978-89-6750-143-3 (03810)